AF279719

# MERAKI

## MARÍA DE LOS ÁNGELES DIEZ RODRÍGUEZ

Autor:        María de los Ángeles Diez Rodríguez
Diseño       María de los Ángeles Diez Rodríguez
Maquetación: David Román Alcalde

© 2024 María de los Ángeles Diez Rodríguez
© 2024 Editorial Metamorfosis

ISBN: 978-84-128838-3-1

# ÍNDICE

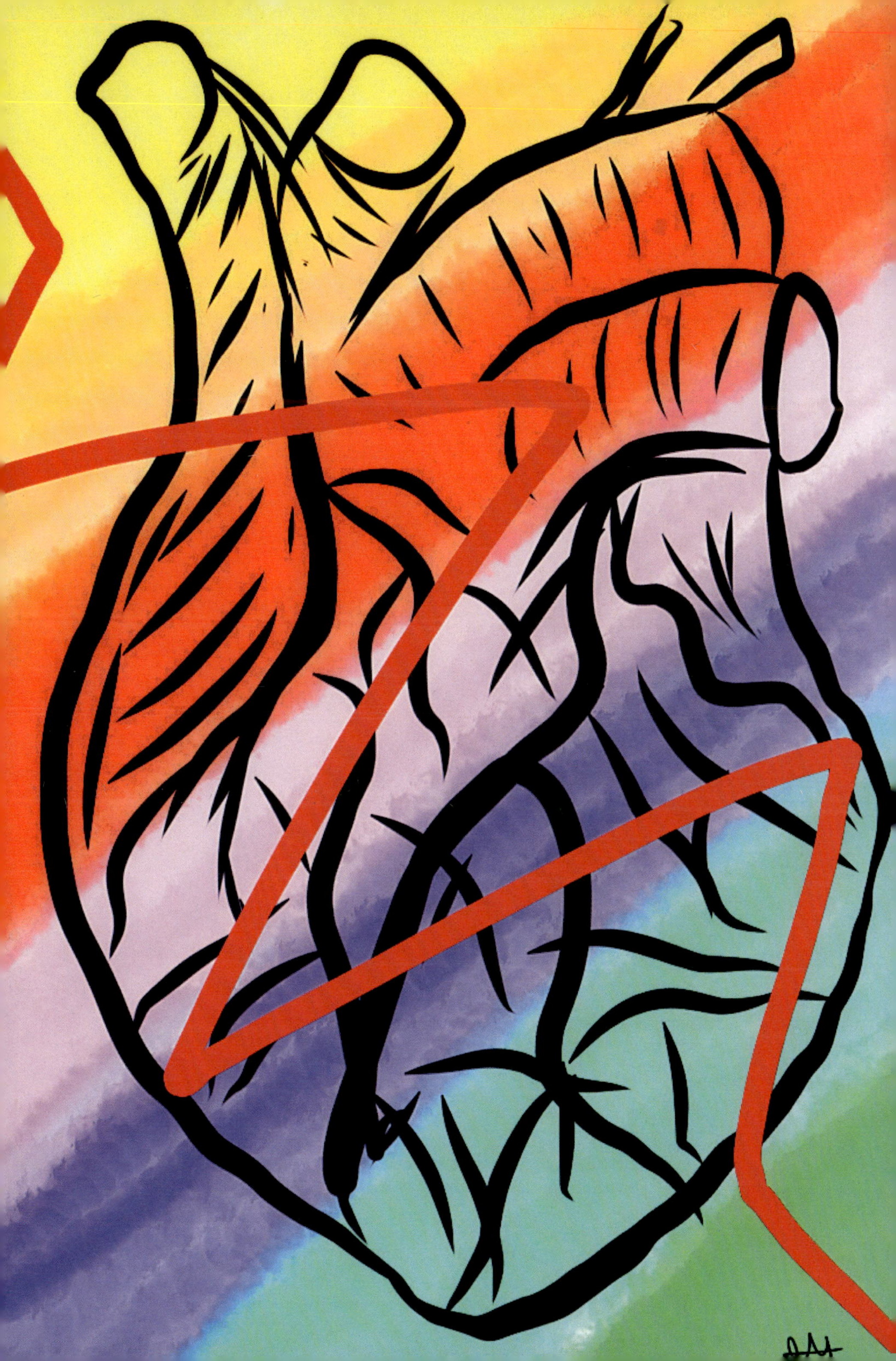

# INTRODUCCIÓN

En medio del caos que en esencia vivimos, construyo las ideas y pensamientos que, en algún momento, me han enseñado a desear.

Detrás de cada situación se esconden miedos y prejuicios que atraviesan el costado de quienes lo sienten.

Esto no es un libro de fantasía ni de ciencia ficción. Este libro se vive y se siente a través de mis recuerdos.

Es un recordatorio de lo que he sido y puede que siga siendo, porque creo que, a veces, quedamos anclados en lo que nos convertimos por vivencias que lo fueron todo.

Espero poder ayudarte si lees cada palabra de este libro, pero esperar tampoco está en mis planes y no debería estarlo en los tuyos. Las esperas pueden hacerse eternas si nos dejamos llevar por ellas.

De todas formas, gracias por invertir parte de tu tiempo en leerme y, si te preguntas qué significa el título del libro, es un concepto griego que significa poner el corazón, el alma, la creatividad y el amor en todo lo que se hace.

# PRIMERA PARTE

Todo comienza cuando escuchas el crujir de las huellas que va dejando la ilusión de amar sin condición.

Todo pega un giro de 360° cuando tu soledad se disfraza de esperanza y saltas de alegría, olvidando que el amor solo es amor.

Entonces, todo cambia porque en tu juventud se disipan las dudas de un accidente certero, porque tan solo te quedas con la idealización del momento.

Para cuando te quieres dar cuenta, eres presa de una cárcel de recuerdos que aborrecerás cuando, de repente, pasen de ser un regalo a una despedida.

Desde muy pequeñita he creído que las películas eran una sarta de mentiras, pero, por desgracia, desearía verlas cumplidas.

A todos se nos olvida recordar que el ser humano se caracteriza por el daño que causa sin pensar.

Sin embargo, de eso se trata: de continuar y fallar, de vernos enredados una y otra vez en las mismas trampas, porque estas, en el fondo, son cálidas.

A veces, el sinsentido de lo que deseamos nos convierte en niños malcriados, enganchados a sensaciones obstaculizadas por falta de conocimiento.

En este instante, tan solo recuerdo que mis errores han marcado mi felicidad, haciendo de esta una catarsis de imperfección que desconozco por qué la siento.

Tal vez, después de todo, el dolor persiste encarnado en una cicatriz que me encanta lucir con una sonrisa. Pues, en esencia, sonreímos aunque deseemos acallar aquello que hemos vivido en silencio.

Desde mi querida infancia, he padecido la enfermedad del desengaño, retrocediendo en cada paso porque no podía entender por qué me hacían daño.

Te dicen "sé bueno", pero ni el que te lo dice sabe lo que eso implica. Como tu psique, que se sienta en un banco mental, esperando a que te amoldes a una sociedad cada vez más pobre de realidad.

Me encantaba acurrucarme en la cama, escuchando música que me evadiera del exterior. Un viaje infinito por las notas de cada canción. Dar vida a la imaginación, como una vela que se apaga durante el día, ya que le dicen que encendida no sirve.

Parece que fue ayer cuando las preocupaciones de la adultez eran cosa absurda, cuando los prejuicios por el querer eran tan solo una farsa, cuando las ganas de jugar eran el mayor deseo y la mejor sensación de felicidad.

Parece que el tiempo avanza a contracorriente, creyéndose dueño de todo lo que tiene vida. Sin embargo, el concepto de la vida surge de la física del tiempo.

Recuerdo ser una niña con sueños. Recuerdo que estos me convertían en alguien mejor. Se nota que desde pequeña sentía un vacío interior. Porque nos crían acomplejados por unos estándares que de niños no entendemos.

Incluso ahora, las llagas del pasado me arrastran por las cenizas de los instantes que ardieron bajo el fuego abrasador del ayer.

Todavía, los gritos en silencio de lo que fue y no pudo ser, amordazan al presente entre sus escuálidos brazos, a través del vivir.

Y es que hay circunstancias que se quieren borrar de la memoria, como si se pudiera con una goma mágica, tal vez sacada del bolso de Doraemon.

Somos un rastro de recuerdos, desmembrados por traumas del pasado, que tan solo quieren ser libres, pero la libertad asusta, como la violencia amordazada de una mano familiar, que sufres en silencio al ver, con cada golpe, las lágrimas de quien amas.

Porque bajo un mar de sugerencias, las etiquetas siempre carecen de sentido. Aunque claro, eso a quien te critica le es indiferente, pues, como un monstruo en la noche, se alimenta de tus inseguridades, que acuden a cada comentario sobre tu cuerpo o sobre la talla de tu pantalón.

Y es entonces cuando me pregunto, bajo las luces artificiales de una pequeña ciudad, por qué es tan complicado existir. Si tenemos la llave al paraíso, ¿por qué siento que del infierno es imposible salir?

"Si todo fuera diferente"… Eso me digo incluso cuando sé que no tengo razón, pero la sociedad me ha enseñado a escurrirme entre las conjeturas de un futuro que tal vez no veré suceder.

Me pierdo y me pierdo… Siendo la grieta que sufre mi habitación, llena de humedades que me ahogan cada noche. Pues soy un fantasma atormentado por pesadillas que tan solo provoco yo.

Dime tú, que me lees, ¿cómo superas la aflicción y la desconsolación, más ni el amor propio, puede salvarte de ti mismo? Es como ir conduciendo un coche sin carnet y habiendo bebido sin control; sabes que te vas a accidentar, pero no quieres verlo.

Y en el fondo, sabes que la terapia puede hacer mella sobre ti.

Por ello, navegas hacia ella como un barco a punto de hundirse, deseando llegar a tierra y no dejarte llevar de nuevo por la marea.

Sin embargo, no todo son días grises ni presos de preocupaciones que no tienen sentido. No todo son circunstancias malas, porque al final del día siempre hay una sonrisa arraigada por una mano amada.

Siempre deseando tocar el cielo, porque el báratro de la Tierra escuece por dentro. Siempre detrás de la dopamina para olvidar y, al final, somos esclavos de nuestros sentimientos.

Clavos se clavan sobre la piel que me sangra traumas sin compartir. Clavos que adormecen la herida nacida de mi autoengaño certero.

Mientras tanto, camino dejándome llevar, aunque en las noches me caza mi personalidad a sobrepensar y termino dándole infinitas vueltas a la realidad que me rodea, abandonando todas ansias de descansar, pues no sería un ser humano si no me preocupara por nada y todo a la vez.

Dicen que somos polvo de estrellas, y siento que tiene sentido, ya que este mundo jamás me ha comprendido.

La Tierra está llena de vida y cosas hermosas, pero la pena de los sistemas y guerras traen el infierno de Dante a cada rincón del planeta.

Supongo que todos vivimos por alguna razón, pero la indiferencia del destino puede llevarnos a malgastar nuestro tiempo con conjeturas indiscretas y drogas pasajeras.

PUTA
MIEDO
FEA

# SEGUNDA PARTE

Hay noches con rabia enfrascada en lo más profundo de mi subconsciente. Esta, me llena de valor para seguir batiéndome en duelo con los miedos.

La raíz de mis traumas nace de golpes y deslealtades. Nace de mis propios testimonios.

He sido testigo y víctima, encerrada en una realidad artificial, olvidando recuerdos que angustiaban mi corazón.

Sin embargo, con veinticuatro años, los estoy reviviendo. Todo comienza cuando la sensación de rechazo hacia mi cuerpo recrea cómo, a través de una mirada conocida, sufrí una agresión.

Tal vez es un poco complicado hacer *kintsugi*, o quizás solo sea cuestión de progresar, de dejar pasar el tiempo de la mano de apoyo y psicología social.

Algunas veces, a pesar de tener una sonrisa en mi rostro, siento que estoy llorando por dentro. El sobrepensar escuece cada paso que doy, y cuando los problemas me dejan de lado, yo los busco porque me gusta sufrir.

Me gusta sentir que merezco pasarlo mal, aunque lo malo me destruye cada vez más.

Supongo que se trata de una forma autodestructiva que tengo de solo hacerme daño porque, de alguna manera, la falta de amor propio me culpa de todo lo que me rodea.

Puede que las vivencias dolorosas que me han marcado sean las culpables de que incluso haya fusilado mi cuerpo.

Podría echar la culpa a problemas familiares, cuando el dolor a golpes de un ser querido te retuerce la inocencia del momento.

Podría tratar de olvidar besos no consentidos o violaciones hacia mi cuerpo, porque sabes que tu corta edad te encarcela en brazos del agresor vestido de amigo.

Podría incluso dejar de lado las injusticias sociales que sufro y he sufrido por tan solo no entrar en el canon o no ser parte de una idealización.

Realmente, podría hacer demasiadas cosas y, aun así, seguiría siendo parte de un pasado hiriente que tan solo trato de superar.

Todo esto me ayuda a recapacitar acerca de lo duras que son las palabras, los actos y el desdén de quien amamos.

Vivimos en un mundo plagado de almas en pena y dolor, pero, a pesar de todo, sigue siendo hogar y amor.

Estoy segura de que he sido la villana en la vida de alguien, y eso me pesa cada vez que lo pienso.

Y es que, por mucho que queramos ser perfectos, cometemos errores y, maldita sea, nos cuesta aprender de ellos.

Siento mucho no creerme parte de un mundo mejor, pero jamás podré ser mejor si me crían pensando que valgo menos por querer a alguien de mi mismo género.

Siento mucho no ser suficiente ni para mí misma, pero a veces es mejor estar un poco locos e incompletos, pues nos golpea la vida.

Por favor, perdona la tristeza de quien no puede contener ser humano.

Por favor, dile lo que piensas a quien consideres que su amor no te llena. No estamos para perder el tiempo sufriendo por falta de decisión.

Por favor, ama a pesar del qué dirán, y sé junto a mí un alma más, con cicatrices que tatuar.

Hoy en día, veo lo complicado que es decir adiós y olvidar.

Despedir a un ser querido o incluso los traumas que hayamos vivido, supongo que por eso se llaman traumas. Para recordar que no pueden ser olvidados, que aunque se relajen en nuestros pensamientos, están ahí, para inconscientemente incluirse en actos y sentimientos.

En la infinitud de mis juicios, sé que la realidad es solo parte de un futuro incierto; sé que pronto me consumiré, aunque sin fecha de caducidad, y en algún momento nadie me recordará. Tan solo habré dejado huellas en verso de lo que pasó por mi cabeza.

A pesar de mi juventud, siento que el peso del tiempo me da madurez, que la rigidez de mis vivencias me ha llegado a enseñar que permanecer donde no queremos nos convierte en esclavos de aquellos que se permiten el lujo de juzgarnos por dinero.

Una amiga me dijo una vez que admiraba mi valentía, incluso que me ponía de ejemplo. Y es que, he cambiado muchas veces de trabajo, de ideas, de estudios y de complementos, porque aunque no tuviera argumentos, sabía que donde trabajaba o lo que estudiaba no me estaba haciendo ilusión ni llenando por dentro. Puede parecer una idea absurda, el pensar que algo te debe llenar o hacer ilusión, en un mundo donde tenemos que sobrevivir y conformarnos, ya que es lo que hace el resto.

Sin embargo, soy fiel a mis sentimientos. Soy fiel a la creencia de que la indecisión solo muestra que no me encuentro donde realmente merezco.

El valor es algo que nos catalogamos únicamente nosotros. Y en medio de tanto dolor e inseguridad que atrapan nuestra alma, podemos llegar a entender que nosotros somos lo más importante de nuestra propia vida.

Aunque seamos individuos sociales, cada uno somos igual de importantes y no dependemos de cosas materiales. No somos más por tener más premios, mejores notas o más dinero. Tampoco somos peores por llorar más, suspender más y ser pobres.

El valor de lo que seremos nace de lo que hemos sido en la ligera madriguera del ayer.

Con todo esto, no pretendo convencer, te recuerdo que solo son ideas entrelazadas en mi escritura. Gracias por seguir leyéndolas, pues así me animas a continuar.

El otro día, en el trabajo, me di cuenta de lo duras que son las comparaciones y de la poca importancia que se da a las inseguridades ajenas.

Todos caminamos en nuestro mundo, con problemas propios, y nos olvidamos de que en frente de nosotros hay seres humanos con el mismo dolor. No importa lo que hayan vivido, sufrido o sentido, porque todos nos hemos sentido dolidos en algún momento y nos hemos comparado tanto física como intelectualmente con alguien. Llegando a la conclusión de que somos prescindibles.

Yo tengo enterrados años de sufrimiento enmascarados por un "no pasa nada". Estoy harta de los lamentos y de normalizar el estar rotos por dentro. Estoy harta de tener miedos absurdos que solo me estropean los momentos.

Me pregunto en qué situación se llegó a explicar por qué tener preocupaciones forma parte de la vida. Me gustaría que esta no fuera así, pero tengo el extraño presentimiento de que la construimos así, porque la vida no debería ser un amasijo de guerras, hambrunas, mutilaciones, muertes, y todo por un montón de dinero, que da igual cuánto ganes, porque al final del día, estás tú con tus recuerdos.

Lo triste de todo esto es que nos convertimos en el peor parásito del planeta. Construimos engañándonos, pero destruimos para crear y yo pienso, ¿a qué precio?

Me duele ser parte de un problema social; ser presa de las etiquetas machistas que me han dado el biberón en mi infancia; ser víctima de mi especie, pues puede hacer cosas horribles.

Odio haber pasado por un trastorno alimentario porque la talla del pantalón de la modelo de televisión me enseñó que mi cuerpo no es válido.

Odio haber normalizado que me maltrataran y me forzaran.

Odio que me digan que mi generación es de cristal por saber poner límites a un constructo social.

Odio ser víctima de violencia machista y haber visto el dolor en la mirada de las mujeres de mi familia.

Odio tener que ver cómo abandonan animales en mitad de la carretera, porque surgen de una falta de responsabilidad.

Odio secar las lágrimas de una hermana que se siente mal por tener curvas.

Odio que me intenten callar cuando lucho por los derechos de las mujeres, sabiendo que si pongo un pie fuera de mi país tengo posibilidades de ser violada o encarcelada por mi orientación sexual.

Odio que se trate mal a los inmigrantes por el simple hecho de emigrar, cuando todos somos en el fondo herederos de sangre extranjera.

Odio que haya gente viviendo en la calle, cuando existen hogares vacíos.

Y no, no busco un mundo idílico. Sé que las cosas son así por algo, pero la injusticia y la desesperación están acabando con el ser humano. Cualquier atisbo de humanidad se pierde con cada cañonazo y niño muerto.

Porque detrás de cada territorio, hay historias inauditas y familias que no volverán a juntarse.

Porque lo que hoy es bueno, mañana es malo, y quienes dirigen el mundo nos autoconvencen de que no hay nada más.

Por esto, la ceguera no consiste en mirar.

# TERCERA PARTE

Los ángeles de nuestro interior son parte de un dolor que nos convierte en esclavos del odio hacia los demás.

Bailamos a través de una mirada en soledad que solo busca ser parte de una historia jamás contada.

Con el paso de los años, he vivido engaños y prejuicios que solo son parte de un mundo cargado de soledad. Los creyentes aún piensan que existe un infierno, pero yo creo que este mundo es infernal.

Un averno lleno de cosas malas, que intentan sobrevivir a la poca bondad que todavía persiste.

Con esta reflexión, no digo que el ser humano sea malo. Considero que somos la especie más compleja que existe, embadurnada en intelecto y condicionada por el resto.

Sin embargo, ¿quién hace más daño, el que mata o el que estira de la pata? Ambos son igualmente culpables, y siento que a eso se reduce la humanidad. En personas que hacen el daño directamente y en otras que se quedan calladas y asienten por miedo.

Y pensarás: "¿qué tiene que ver todo esto contigo, Ángeles?".

Y yo te respondo que forma parte de lo que soy.

Una mente insaciable de autorreflexión. Todo esto es lo que soy, y he sido parte del problema durante mucho tiempo.

También he hecho llorar a almas que no lo merecían.

También he apoyado lo que a otros les hacía un flaco favor.

También he cometido errores, pero quién no, en una sociedad que solo te educa para el egoísmo de los demás.

He perdido el norte buscando el sur.

He sido testigo del horror bajo el reflejo de mis lágrimas.

He suicidado las ganas de llorar, porque sí, me cuesta expresar lo que siento.

Sin embargo, el camino me demuestra que voy cambiando con el paso del constante tiempo. Voy danzando hacia el país de mis recuerdos.

Voy y vengo en mitad de lo que pienso.

Voy y vas conmigo, si sigues leyendo lo que estoy escribiendo.

Voy y veo el recorrido que marcan mis huellas, cansadas de tanto cemento.

Al fin y al cabo, soy una protagonista más de mis propias historias.

Soy y seré esclava de mis miedos, que con cada trauma me recuerdan que no debo olvidar que una vez me dominó el dolor entre lamentos.

Ahora mismo, solo tengo la convicción de que me gusta sentir la felicidad en determinados momentos.

Me siento feliz cuando me dan un beso deseado, cuando me dicen "eres la mejor", cuando el silencio me transporta a la paz del corazón, cuando acaricio con la mirada los ojos claros de mi perra, cuando los abrazos se vuelven eternos y mientras me envuelvo en ellos, difumino lo malo, porque me enloquece ese sentimiento.

Mi felicidad es esclava del amor que regalo y del que me demuestran quienes me aceptan y respetan sin tener que estar diciéndoselo.

Mi orgullo se convierte en debilidad, al lado de la inseguridad que es creer que vales menos que el resto.

Es curioso, me adapto a la vida, pero siento que esta me pone a prueba en determinados aspectos. Por otro lado, quizás, no sea más que la terrible costumbre humana de compararnos con los demás.

Quizás no sea más que otro recuerdo que atormenta las noches que, a voces, sueño en silencio, ya que mi mente grita comentarios sobre quién soy que me encarcelan en una nada casi vacía, pues en ella me encuentro.

Por todo esto, siento y padezco. Me desvanezco entre las grietas de un presente complicado y un futuro atormentado por un ideal que deseo que suceda.

Me complico la existencia en medio del caos y me convierto en dulces reencuentros cargados de sinceridad y respeto.

He aprendido a ver volar mis propias mariposas sin perseguir las de los demás, pues me divierte comprender que también así puedo surcar el cielo.

He aprendido que la soledad es amiga, cuando su sentimiento no me atormenta en medio del silencio.

He leído que la paz es contraria a la guerra, pero esta nace en contraposición de la primera.

He visto cómo el trabajo es impuesto, y muchas almas vagan perdidas, buscando una medicación para la amargura que sienten.

He mantenido conversaciones eternas que me han devuelto la fe en la palabra, pues esta constituye el fundamento de una nación.

He perdido el calor de un ser querido, porque las estaciones pasan rápido y la cuna de la muerte aparece sin llamar a la puerta.

Me he infravalorado porque me enseñaron a ser un número, una nota en un examen y la disputa del qué dirán.

Me disculpo con mi antiguo yo, marcado por una inocencia indiscreta que otros usaron como trampa para así hacerme poeta.

Hoy desenmascaro mi dolor a través de vocabularios que constituyen un himno sin tapujos ni enredos.

Por el contrario, no he logrado entender por qué me derrumbo ante la visión de quien no me puede entender. ¿Por qué me ilusiono con promesas incompletas, si estas no son más que un concepto abstracto del ser?

Quisiera recrearme en mis pensamientos y yacer ahí, dormida con ellos, yuxtapuesta a mis conmiseraciones.

Sin embargo, queremos ser vacilantes ante el sistema. Desarmados por el sagaz abismo, que en el subconsciente, nos encierra.

En medio de este sueño, que es escribir, me enamoro del perecer escribiendo, susurrando anotaciones inconclusas, surcando la escritura sin el pánico a la acción.

En medio del elixir que mi cuerpo palpita, deseo aceptarme y nunca más culparme por aquello que en mí no habita.

Y, es que, aquí encerrada en mi tormento, me doy cuenta de que no soy menos. Analizo y me gustaría entender por qué parangono quién soy o lo que logro con la verdad de mi mente, si esta se diluye en las gotas de sal marinas que, en guerra, humedecen a quien se arrima.

¿Por qué me pregunto tantas cosas, si se supone que solo soy una joven soñadora, que vertiginosa, se esconde por las rendijas de luz que difuminan su amor por leer?

Supongo, en conclusión a lo que existe, que no soy más que una vida en continuo anegamiento, y no miento lo que debería, aunque siento y padezco.

Solo sé que soy sincera o, por lo menos, eso es lo que pretendo.

# AGRADECIMIENTOS

Gracias a todas las personas que hayan leído esta catarsis emocional. Sobre todo, a mi compañero de vida, que siempre me ha ayudado a creer en mí.

También dar las gracias a mis amigos/as y familia, que hoy me apoyan a cada paso que doy en mi escribir violáceo.